Erst das

Licht

macht verborgene

Schätze

für unsere Augen sichtbar

GedankenKlang

Herausgeber: GedankenKlang Verlag
Satz & Layout: Angelika Schäfer

Bilddigitalisierung: recom GmbH / RECOM ART,
D-73760 Ostfildern, www.recom-art.de
(Außer den Bilder von Seite 20, 22, 32, 36, 50, 60)

Druck und Bindung: Offsetdruckerei Grammlich,
D-72124 Pliezhausen, www.grammlich.de

www.gedankenklang.de

1. Auflage 2008

Gedruckt auf elementar chlorfrei gebleichtem Papier (ECF)

Printed in Germany

ISBN 978-3-9812093-1-0

Lichtschätze

Seelenbilder
Herzenstexte

Bilder von Erne Schäfer
Texte von Angelika Schäfer

GedankenKlang

Vorwort

Schätze des Lichts – Bilder, Farben, Worte und Gedanken. Jedes Bild, jedes Wort – ein Lichtschatz. Bilder, die Seelenlandschaften beschreiben, deren Farbspiel zum Eintauchen einlädt, in deren Tiefe und Wirkung man sich versenken möchte. Worte, die auf die Schwingung der Bilder eingehen. Gedanken, die neue Klangfarben schenken. Wir laden Sie ein, den Sprung zu wagen und einzutauchen. Tief hinunter zu tauchen, um Ihren eigenen Lichtschatz zu entdecken. Einer Muschel gleich, die in der Tiefe des Ozeans, von Sand und Algen bedeckt, schwer zugänglich schlummert und einen wunderbaren Schatz, die Perle, in sich trägt. Wir alle tragen eine große Menge an Perlen in uns. Talente, Herzensgaben und Visionen, die nur darauf warten, entdeckt und an die Oberfläche getragen zu werden. Der Meeresgrund ist voll schöpferischer Wunder, bunter Farbenpracht und einzigartigem Leben. Tief im Meer ist eine unglaubliche Unterwasserwelt vorhanden. Und erst wenn wir hinabtauchen und einen Lichtstrahl auf diese Wunderwelt lenken, erst dann erstrahlt diese faszinierende Herrlichkeit, wird für uns sichtbar und beschenkt uns mit ihrem Leuchten.

In unserem letzten Buch "Engel der Neuen Zeit" ist ein Bild mit Text über Aragena, die Priesterin der Farben, zu finden. Dieser Text spiegelt sehr gut einen weiteren Aspekt unseres Wunsches für dieses Buch wider: Die Kraft der Farben wirken zu lassen.

Dass die Bilder mit ihren satten und leuchtenden Farben eine enorme Heilwirkung und ein starkes Wohlbefinden auslösen, haben wir selbst bei der Arbeit an diesem Buch wahrnehmen dürfen. Deshalb haben wir die Textseiten farbintensiv und zum Bild harmonisch gestaltet, so dass allein durch das Betrachten ein besonderes Erleben der Energien möglich ist. Die Texte und Worte schenken den in Farbe gebündelten Energien eine gewisse Durchlässigkeit, eine Klarheit, die das "Bad" in den Farben zu einem erfrischenden Guss werden lassen.

In den Texten ist die Ansprache wie "Du" oder "Dich" groß geschrieben. Wir wissen, dass dies mit den neuen Rechtschreibregeln nicht mehr so gehandhabt wird. Dennoch haben wir uns bewusst für die Großschreibung entschieden, um die Wertschätzung und Achtung des jeweils Angesprochenen zu unterstreichen.

Nun wünschen wir Ihnen eine spannende Reise durch unsere Lichtschätze. Wir freuen uns, wenn diese Ihnen Inspiration und Bereicherung schenkt und das Entdecken von neuen, eigenen Lichtschätzen ermöglicht.

Herzlichst

Erne und Angelika Schäfer

Aragena – Priesterin der Farben

Jede Farbe hat ihren Klang
und jeder Klang hat seine Färbung.
Lausche den Tönen der Farben
und gestatte ihnen,
Dein Herz erklingen zu lassen.
Lasse Dich einhüllen
von ihren zarten Nuancen
und durchtränke Deine Innenwelt
mit ihren satten Pigmenten.
Lasse Deine Seele tanzen auf farbigen Winden,
Deinen Geist erhellen von bunten Gedanken
und Dein Herz durchweben
von ihrem seidigen Schimmer.

Danke

Ein großes und von Herzen kommendes DANKE an jeden, der am Entstehen dieses Buches mitgewirkt hat.

Durch einen jeden von Euch ist es möglich geworden ...

Tausend Dank an Christine Groß, Susanne Thiel und meinen Papa, Wolfgang Schäfer. Mit Eurem engagierten Durchlesen, Verbessern und Rechtschreibprüfen habt ihr wieder einmal mehr Qualität in die Texte gebracht.

Danke an Sven Schönauer und die Firma recom für die fabelhafte Arbeit der Bilddigitalisierung.

Lieben Dank an Ursula Kiersch für die technische Aufbereitung der Daten und die vielen, vielen Handgriffe, die mir das Arbeiten immer so viel leichter machen.

Herzlichen Dank an das Druckhaus Götz für die nette Unterstützung.

Unser Herzensdank gilt dem gesamten Universum mit all seinen wunderbaren Schöpfungen, unseren Engeln und all den geistigen Wesen, die uns stets begleiten und führen. Danke für die Kraft, die Inspiration und Hilfe.

Unser Dank gilt jedem einzelnen Leser/in dieses Buches ... durch Dich ist es möglich, dieses wunderbare Projekt wahr werden zu lassen ...

DANKE

Inhaltsverzeichnis

Schritt nach Innen ... Seite 8/9
Flügelschlag ... Seite 10/11
Zusammenspiel ... Seite 12/13
Herzensbewegung ... Seite 14/15
Energie der Lady Kwan Yin ... Seite 16/17
Blütenzauber ... Seite 18/19
Es Tritt Zu Tage ... Seite 20/21
Mit Dir an meiner Seite ... Seite 22/23
Türen ... Seite 24/25
Heilender Herzensraum ... Seite 26/27
Was Du säst wirst Du ernten ... Seite 28/29
Dann werden die Gerechten leuchten ... Seite 30/31
Getragen von Gottes Liebe I ... Seite 32/33
Getragen von Gottes Liebe II ... Seite 34/35
Getragen von Gottes Liebe III ... Seite 36/37
Erzengel Zadkiel ... Seite 38/39
Gebet ... Seite 40/41
Drachenfeuer ... Seite 42/43
Im göttlichen Fluss ... Seite 44/45
Die Rose ... Seite 46/47
Avalon ... Seite 48/49
Melchisedek – König des Friedens ... Seite 50/51
Im Schutze Deines Flügels ... Seite 52/53
Daniel in der Löwengrube ... Seite 54/55
Aquaria ... Seite 56/57
Mutter Erde ... Seite 58/59
Immerdar ... Seite 60/61

Selbstliebe

Schritt nach Innen

Den Schritt nach Innen wagen,
Ausschau halten nach mir selbst.
Nach dem, was meine Flügel entfaltet,
mich aufrichtet,
mir Leben einhaucht.
Tiefer gehen, noch einen Schritt weiter,
genauer schauen.
Winkel betrachten,
die im Schatten verkümmern.
Türen öffnen,
die ich verschlossen hielt.
Den Schritt nach Innen fortsetzen.
Nicht umkehren, nicht zurückschrecken.
Mutig voran gehen –
um die Liebe zu mir selbst zu finden.

Dem Weg nach Außen
gehen viele Wege nach Innen voran.

Wegweiser

Flügelschlag

Gefangen im Strudel der Vergeltung,
aufgebracht durch die Verletzungen meiner Seele,
gepanzert mit Schichten der Enttäuschung
renne ich der Dunkelheit entgegen, ohne zu wissen ...
Doch Du kommst und stellst Dich mir in den Weg.
Willst mir die Augen öffnen, das Herz heilen,
mich vor dem Gang auf den falschen Weg bewahren.
Deine feine und lichte Energie breitet sich aus
und will sich mir offenbaren.
Doch stürmisch, gedanken- und haltlos wie ich bin,
irre ich dem Abgrund entgegen und bemerke Dich nicht.
Deine Liebe ist zum Greifen nahe, blitzt immer wieder auf,
sprüht Funken, die mein verloschenes Licht entzünden wollen.
Und im letzten Augenblick, bevor ich stürze,
breiten sich Deine Flügel aus und durchtrennen mit einem
scharfen Flügelschlag – einem Schwerte gleich –
die Bande, die mich in die Tiefe reißen will,
und bringen mich dem Licht ein Stück näher.

**Meist sind es die unscheinbaren,
unauffälligen Dinge, die uns Zeichen sind
und uns die Richtung weisen.**

Annehmen

Zusammenspiel

Wir sehnen uns oft zu sehr nach einer Sache
und drängen den Gegenpol von dieser weg.
Dabei ist das eine nur durch das andere existent.
Wenn wir einen Teil verstecken oder ablehnen,
kann es sein, dass dieser gerade deshalb
stark und groß wird – überhand nimmt.
Das Geheimnis ist das Zusammenspiel,
der Gleichklang.
Zu viel Wasser kann uns ertränken,
zu viel Feuer uns verbrennen.
Das Wasser hält dem Feuer die Zügel,
das Feuer weist dem Wasser seine Grenzen.
So ist es das Miteinander, das Geben und Nehmen –
der wellenartige Austausch, der uns Harmonie schenkt.

**Entscheide Dich nicht gegen den Schatten,
sondern entscheide Dich für das Licht.
Akzeptiere, dass der Schatten weiterhin
da sein wird, Dir den Blick zum Licht
jedoch nicht verdunkeln kann.**

Heilung

Herzensbewegung

Mein Herz
weine nicht
Keine Zeit der Tränen mehr
Der Schmerz darf Erinnerung und Erfahrung sein
Verletzungen und Wunden dürfen heilen
Verabschiede die Trauer
die Dich so schwer gemacht
Lass gehen den Kummer
der Dich bedrückt

Mein Herz
freue Dich
Die Zeit der Heilung ist gekommen
Schenke Dir selbst
Vergebung und Verständnis
Mache Dich weit für die tröstende Liebe

Mein Herz
gesunde

**Dein Herz wird wachsen und gedeihen
in dem Maße, in dem Du es umsorgst.**

Glaube

Energie der Lady Kwan Yin

Wische die Zweifel aus meinem Herzen,
damit mein Glaube stetig wächst.
Berühre meine Seele mit Deinem Flügel,
dass sie sich zu Dir aufschwingt
und mit Dir tanzt.
Wenn Dunkelheit mein Herz umschließt
und alle Türen in mir verschlossen sind,
dann sende Du mir Deine goldene Flamme,
damit die Nacht, durch ihren Glanz,
zum hellen Tage wird
und ich ohne Angst und Zweifel
die Türen wieder auftun kann
und meinem Leben mit Offenheit begegne.

Der Glaube lässt Deine Zweifel verschwinden.

Hingabe

Blütenzauber

Ist es nicht die Leichtigkeit,
die eine zarte Blüte ausstrahlt,
die unsere Herzen verzaubert?
Die Leichtigkeit, mit der sie sich
aus dem Boden schiebt, gen Himmel wächst,
sich Blatt um Blatt offenbart?
Die Leichtigkeit, mit der sie ihr Innerstes
mutig freigibt, sich jedem zeigt?
Die Leichtigkeit, mit der ihr feiner Duft
durch die Lüfte zieht und sich bereitwillig
zu anderer Freude verschenkt?
Und ist es nicht letztendlich die Leichtigkeit,
mit der sie ihre Schönheit durch jedes welke,
fallende Blütenblatt der Erde zurückgibt,
um dann im nächsten Jahr erneut,
mit ihrer unermüdlichen Freude am Sein,
wiederkehrt?
Ist es nicht diese Leichtigkeit,
die unsere Herzen verzaubert
und erblühen lässt?

Die Hingabe an das Leben macht mich leicht.

Entwicklung

Es Tritt Zu Tage

Lange versteckt und lange verschüttet,
lange vergessen und lang ignoriert,
tritt nun zu Tage das Gold meiner Seele,
zeigt nun seinen Glanz, verbreitet den Schein.
Trägt weit in die Welt Weisheit und Friede,
schwingt hoch in den Himmel zu glücklichem Sein,
um hier auf der Erde den Menschen zu sagen,
das Licht und die Liebe sind lange schon Dein.

**Innere Entwicklung geschieht meist still,
für das Außen unsichtbar.
Doch wenn Dein Innen wächst,
sich ausbreitet, dehnt und größer wird,
dann leuchtet es als Licht
hell aus Dir heraus.**

Wunder

Mit Dir an meiner Seite

Wenn in meinem Innern
eine leise Ahnung keimt,
eine Vision, die Grenzen zu sprengen vermag,
und mein Verstand ihr den Weg versperrt,
dann tritt Du an meine Seite
und stärke meinen Glauben,
stärke mein Gespür,
mein Gehör für den feinen Klang,
der durch die Saiten meiner Seele spricht
und mir unaufhörlich sagt,
dass mit Dir alles möglich ist ...

Wunder können jederzeit in Dein Leben treten – Du musst ihnen nur die Türe öffnen.

Neue Wege

Türen

Türen
öffnen und schließen sich,
verhindern ein Durchgehen oder
ermöglichen neue Wege.
Eine offene Türe ist oftmals eine Chance,
die sich Dir auftut.
Eine geschlossene Türe
bedeutet nicht immer,
dass es kein Weiterkommen gibt.
Eine geschlossene Türe
kann Dir Schutz gewähren,
Dir einen sicheren Raum bieten.
Eine geschlossene Türe
kann Dir auch zeigen,
dass Du noch Zeit hast und verweilen darfst.
Sowohl hinter der offenen
als auch hinter der geschlossenen Türe
liegt ein Geheimnis,
das es zu entdecken und zu erforschen gilt.
Mache Dich auf es zu sichten
und lass Dein Herz zum Schlüssel werden!

Den Schlüssel zu den wichtigsten Türen des Lebens trägst Du in Deinem Herzen.

Erneuerung

Heilender Herzensraum

Wie eine zarte Knospe
öffnet sich mein Herz
unter der heilenden Kraft
der göttlichen Liebe.
Sanftes Licht
umspült mein Innerstes,
löst Verhärtungen
und Festgesetztes
aus tiefen Schichten heraus,
damit es abfließen kann.
Matte, dunkle Stellen
werden in Helle getaucht
und langsam entfalten sich
die Blütenblätter meiner Seele
zu einer strahlenden Sonne.

**Von Zeit zu Zeit
tut es gut innezuhalten,
sich zu besinnen und sein Herz
neu auszurichten.**

Schöpferkraft

Was Du säst wirst Du ernten

Die Felder Deines Lebens
hast Du selbst zu bestellen.
Bevor Du mit Deiner Arbeit beginnst,
bedenke, was Du zu ernten erhoffst –
wähle das richtige Saatgut!
Vertraue auf den göttlichen Funken,
der das Korn öffnet und Leben schenkt.
Mit Deiner Liebe, Hingabe und Geduld
wird die Saat gedeihen und
Dir Frucht bringen.

Deine Gedanken formen
nicht nur Worte und Taten –
Deine Gedanken formen
Dein Leben.

Wachstum

Dann werden die Gerechten leuchten
wie die Sonne in ihres Vaters Haus

Richte Dich auf –
äußerlich und innerlich.
Betrachte all Deine Seiten,
Schichten und Facetten.
Sichte all Deine Winkel,
Verstecke und Fluchten.
Denn wenn Du aufgerichtet
– aufrichtig und ehrlich –
durch das Leben gehst,
wird das Licht Deiner Seele
heller und heller
und es wird leuchten und strahlen
wie die Sonne.
Es wird jeden erwärmen,
der von seinem Schein berührt wird.
Es wird wie die Sonne
neues Wachstum und Leben hervorbringen,
und wird Zeichen dessen,
dass die Liebe Gottes
Dein Herz erleuchtet.

Richte Dich auf –
und Du bist dem Himmel
ein Stück näher.

Veränderung

Getragen von Gottes Liebe I

Am Baum Deiner Liebe erwache ich zum Leben.
Am Ast Deiner Fürsorge trägst Du mich meine Zeit,
lässt mich Sonne und Regen erfahren,
mit dem Wind tanzen und den Vögeln lauschen.
Und wenn ich meinen Halt verliere,
mich aus meiner Verankerung löse und falle,
fangen mich die Grashalme Deiner Liebe auf ...

**Wenn wir etwas mit unseren
irdischen Augen nicht sehen können,
so können wir dessen feinen Puls
dennoch mit unserem Herzen erfassen.**

Sicherheit

Getragen von Gottes Liebe II

Dein Flügel folgt jeder Bewegung und
kein Sturz kann mich zu Fall bringen.
Wie in eine weiche Wiege
bettet mich Deine Liebe, umgibt mich,
hüllt mich ein, trägt mich und schenkt mir Raum.
Schenkt mir Raum für Vertrauen und Geborgenheit,
für leise Momente im Strudel des Lebens,
für Momente, die Sicherheit gewähren
und mich Deiner gewiss sein lassen.

Dein Weg ist gesegnet!

Du bist geliebt

Getragen von Gottes Liebe III

Mit Dir an meiner Seite
schwindet die Furcht vor Neuem,
wandelt sich zu erwartungsvoller Zuversicht.
Mit Dir zu meinen Füßen
führt mich mein Schritt mit Vertrauen
über Schluchten hinweg.
Mit Deinem Halt in meinem Rücken
fühle ich Kraft und Stärke,
die meinen Mut neu entflammen.
Mit Deinem Segen auf meinem Haupt
spüre ich die Gewissheit Deiner Liebe,
die mich trägt.

Getragen von Gottes Liebe
erscheint mir die tiefste Schlucht
wie ein leicht zu überspringender Graben.

Loslassen

Erzengel Zadkiel

Wenn Deine Funken sprühen
und Du Dich mit Deinem Licht zu mir herabsenkst,
wenn Deine Energie mich durchflutet
und sich Dein Segen über mich ergießt,
wenn Deine Präsenz so deutlich wird,
dass mein Herz einen Takt schneller schlägt,
dann ist die Zeit gekommen:
Loszulassen – was mir nicht mehr dienlich ist
Freizugeben – was ich lange verborgen hielt
Aufzulösen – worin ich mich verstrickt habe
damit der Raum in mir wieder frei und groß wird.
Frei und groß, Neues zu empfangen, licht zu werden,
mich Deiner Schwingung ein kleines Stück
anzunähern ...

Erst nach dem Loslassen
hast Du wieder beide Hände frei,
um zu empfangen.

Verbindung

Gebet

In Ehrfurcht und Demut
Dankbarkeit und Liebe
trete ich vor Dich
und breite aus
was mein Innerstes regt
Öffne meine Seele
gebe mich Dir hin
schenke Dir mein Herz
Lausche der Stille
Halte inne im Strudel des Alltags
Besinne mich auf Deine Wahrheit
Auf dass mein Herz erwacht
tief berührt erkennt
gestärkt aufatmet
und Deine Antwort bewahrt

**Lass Deine Wurzeln
tief in die Erde wachsen,
damit Deine Äste
hoch in den Himmel
treiben können.**

Grenzen setzen

Drachenfeuer

Stark und aufrichtig einstehen.
Einstehen für das, was ich bin.
Für meinen Kern, der mich fühlen lässt,
dass ich lebendig bin.
Für meinen Kern, aus dessen Mitte
ich geformt bin.
Groß sein, mutig dem gegenübertreten,
das mich von mir selbst entfernt.
Beschützend das Feuer lodern lassen,
um ganz nah bei mir selbst zu bleiben.
Furchtlos mich erheben,
dem eigenen inneren Rückzug standhalten.
Hell bleiben, groß bleiben, licht sein.
Grenzen setzen – ohne Böswilligkeit, ohne Zorn –
aus dem Licht, für das Licht –
für MEIN Licht.

Manchmal bedarf es klarer Linien und eindeutiger Abgrenzung, um Einhalt zu gewähren. Denn wenn Du nicht selbst innerlich Grenzen um Dich setzt und um sie weißt, wie sollte sie Dein Gegenüber erkennen?

Gleichklang

Im göttlichen Fluss

Vereine Dein Selbst.
Betrachte Deine beiden Seiten
– männlich und weiblich –
die im ständigen Ringen aneinander zerren.
Beende den Kampf.
Reiche Dir selbst die versöhnende Hand
und schenke Dir liebendes Mitgefühl.
Wisse, dass nie ein anderer Sieger
hervorgehen kann, als
der der Vereinigung,
der des Miteinanders,
der der Gemeinsamkeit.
Söhne Dich aus und freue Dich,
dass beide Seiten in Dir ihren Ausdruck finden.
Vereine Dein Selbst
– und sei im göttlichen Fluss.

Wo sollte Harmonie und Gleichklang beginnen,
wenn nicht in Deinem Innern?

Schönheit

Die Rose

Sinnbild für Schönheit, Liebe, Vollkommenheit.
Königlich, atemberaubend, prächtig.
Ein Abbild der Schöpfung – des Lebens.
Und so, wie wir nach dem Stiel der Rose fassen –
freudig verlangend und dennoch achtsam,
damit uns kein Dorn verletzt –
so sollten wir durchs Leben gehen.
So, wie wir die Rose ganz nah an uns
heran führen, um ihren Duft
tief in uns aufzunehmen,
so nah sollten wir das Leben an uns heran lassen,
damit wir mit dem Duft des Lebens verschmelzen
und Teil von ihm werden.

**Die Dornen
schwächen die Schönheit
der Rose nicht.**

Durchbruch

Avalon

Wenn die Schleier sich lichten
und die Welt sich erhebt
Wenn die Nebel verblassen
und das Dunkel vergeht
Wenn aus Schemen und Umriss
Klarheit sich zeigt
Wenn das Licht tritt zutage
Dein Herz nicht mehr schweigt
Wenn aus tiefen Gründen
Gefühl tritt hervor
vereint mit der Liebe
schwingt Freude empor
Wenn dann Bewusstheit
aus Träumen erwacht
wahrlich hat Deine Seele
ein Wunder vollbracht

**Durchbreche die Illusion der Getrenntheit,
verbinde Dich mit dem göttlichen All-Einen
und siehe welch Segen Dir widerfährt.**

Versöhnung

Melchisedek – König des Friedens

Wie Perlen aus reinem Gold
fällt Dein Segen auf mein Haupt
und erfüllt mich mit seiner Ruhe.
Mein Geist wird still,
mein Herz wird weit
und ich spüre Versöhnung
mit all dem Schmerz,
den ich in mir trage.
Verständnis sickert aus der Tiefe
meines Selbst in mein Bewusstsein
und verbindet sich mit Freude
zu einem Leuchtfeuer der Dankbarkeit.
Zurück bleibt tief empfundener Friede,
der wie ein hell strahlendes Licht
aus mir heraus scheint
und jeden berührt, der mir begegnet.

**Erst wenn Du Dich mit all Deinem Schmerz,
mit all Deinen Ängsten versöhnt hast,
erst dann kann Friede in Dein Herz einziehen.**

Wahrhaftigkeit

Im Schutze Deines Flügels

Unter dem Aufwind,
den mir Dein Flügel schenkt,
kann ich Schritte wagen,
gegen die mein Verstand ankämpft,
Ausreden sucht, Umwege kreiert.
Aber wenn mein Herz
um die Richtigkeit des Schrittes weiß,
so ist es nur eine Frage der Zeit,
bis ich den Mut aufbringe
und zu meiner eigenen Wahrheit stehen kann.
Dein Flügel gewährt mir Schutz,
in dem ich aufrichtig und ehrlich
meine eigenen Bedürfnisse erkennen
und leben kann.

**Wahrhaftig zu sein bedeutet
nichts schönzureden.
Wahrhaftig zu sein bedeutet
die eigene innere Wahrheit zu leben.**

Vertrauen

Daniel in der Löwengrube

In tiefster Nacht,
mein Angesicht der Erde zugewandt,
dunkle Gewitterwolken über mir,
versperrte Wege.
Der Sturm beginnt, tobt und wütet,
bedroht, verängstigt ...
mein Herz vertraut und glaubt an Dich,
schickt die Zweifel in die Schluchten,
die sich vor mir auftun.
Treu halte ich an Deiner Liebe fest,
besinne mich, konzentriere mich
auf das leise aufflammende Licht in der Ferne.
Fühle, wie es näher kommt
und mir sein Gold offenbart,
mich Willkommen heißt,
aufnimmt, einhüllt, schützt
... und mich mit einem Flügelschlag
unversehrt auf sicheren Boden trägt.

**Vertrauen bedeutet,
mit dem Gefühl der Überzeugung
den Weg zu gehen,
den Dir Dein Herz weist.**

Liebendes Mitgefühl

Aquaria

Liebendes Mitgefühl –
das verbindende Band der Menschlichkeit,
welches uns ein kleines Stück näher
aneinander rücken lässt,
welches Brücken von Herz zu Herz erbaut
und die Tore zwischen Himmel und Erde weitet.
Wellen von Verständnis und Wogen des Annehmens
überspülen die Mauern, mit denen ich mich umgebe,
bringen sie zu Fall und geben den Raum frei,
um meine Lebenslandschaft neu zu gestalten.

**Beginne damit,
Dir selbst liebendes Mitgefühl zu schenken.
So weitet sich Dein Herz, wird offen für andere
und Neues kann entstehen.**

Dankbarkeit

Mutter Erde

Ich danke Dir, oh wunderbare Gaia.
Jedem meiner Schritte schenkst Du Halt,
und alles was ich bin trägst Du.
Stetig gebärst Du Leben für mich
und legst mir Deine Schätze zu Füßen.
Deine Geschenke sind still und unaufdringlich,
atemberaubend und faszinierend,
von großer Schönheit und Einzigartigkeit.
Du gibst Dich mir – ohne von mir zu verlangen.
Frei, ohne Wertung, ohne Urteil –
Du bist da und schenkst ...
Ich danke Dir, oh wunderbare Gaia.

Ich Danke der Schöpfung
und freue mich,
ein Teil von ihr zu sein.

Schutzengel

Immerdar

Niemals sollte ich mich alleine fühlen,
niemals klein und verlassen.
Niemals sollte ich denken, dass meine Tränen
ungesehen, mein Hoffen und Flehen vergebens.
Niemals sollte ich Zweifel haben,
dass das, was ich bin, geliebt.
Denn immer und zu jeder Zeit bist Du bei mir.
Kein Atemzug, kein Lidschlag
entgeht Deiner Aufmerksamkeit.
Bei allem was mich bewegt
bist Du an meiner Seite,
um mich allzeit fühlen zu lassen,
dass mein Ursprung, meine Quelle,
die des Lichts und der Liebe ist.
Aus dem Licht und der Liebe bin ich geboren,
bin ich in all meinem Sein
und werde es bleiben – immerdar.

Sei gewiss:
Du bist geliebt, begleitet, getragen –
heute, morgen, immerdar!

Bildangaben

Schritt nach Innen ... Seite 8/9
Acryl auf Leinwand - 2004
Originalgröße 80 x 80 cm

Flügelschlag ... Seite 10/11
Acryl auf Leinwand - 2003
Ausschnitt - Originalgröße 50 x 60 cm

Zusammenspiel ... Seite 12/13
Acryl auf Leinwand - 2007
Ausschnitt - Originalgröße 100 x 80 cm

Herzensbewegung ... Seite 14/15
Acryl auf Leinwand - 2007
Origianlgröße 50 x 50 cm

Energie der Lady Kwan Yin ... Seite 16/17
Acryl auf Leinwand - 2005
Ausschnitt - Originalgröße 100 x 150 cm

Blütenzauber ... Seite 18/19
Acryl auf Leinwand - 2004
Ausschnitt - Originalgröße 30 x 100 cm

Es Tritt Zu Tage ... Seite 20/21
Acryl auf Leinwand - 2007
Originalgröße 50 x 50 cm

Mit Dir an meiner Seite ... Seite 22/23
Acryl auf Leinwand - 2007
Originalgröße 60 x 60 cm

Türen ... Seite 24/25
Acryl auf Leinwand - 2008
Ausschnitt - Originalgröße 50 x 100 cm

Heilender Herzensraum ... Seite 26/27
Acryl auf Leinwand - 2005
Ausschnitt - Originalgröße 50 x 70 cm

Was Du säást, wirst Du ernten ... Seite 28/29
Acryl auf Leinwand - 2008
Ausschnitt - Originalgröße 80 x 120 cm

Dann werden die Gerechten leuchten ... Seite 30/31
nach Matthäus 13,43
Acryl auf Leinwand - 2008
Ausschnitt - Originalgröße 80 x 120 cm

Getragen von Gottes Liebe I ... Seite 32/33
Acryl auf Leinwand - 2007
Ausschnitt - Originalgröße 80 x 120 cm

Getragen von Gottes Liebe II ... Seite 34/35
Acryl auf Leinwand - 2007
Ausschnitt - Originalgröße 80 x 180 cm

Getragen von Gottes Liebe III ... Seite 36/37
Acryl auf Leinwand - 2007
Ausschnitt - Originalgröße 90 x 130 cm

Erzengel Zadkiel ... Seite 38/39
Acryl auf Leinwand - 2007
Originalgröße 50 x 50 cm

Gebet ... Seite 40/41
Acryl auf Leinwand - 2007
Ausschnitt - Originalgröße 60 x 80 cm

Drachenfeuer ... Seite 42/43
Acryl auf Leinwand - 2008
Originalgröße 40 x 40 cm

Im göttlichen Fluss ... Seite 44/45
Acryl auf Leinwand - 2006
Ausschnitt - Originalgröße 30 x 150 cm

Die Rose ... Seite 46/47
Acryl auf Leinwand - 2007
Originalgröße 90 x 90 cm

Avalon ... Seite 48/49
Acryl auf Leinwand - 2007
Ausschnitt - Originalgröße 50 x 170 cm

Melchisedek - König des Friedens ... Seite 50/51
nach Hebräer 7,1-3
Acryl auf Leinwand - 2006
Ausschnitt - Originalgröße 50 x 100 cm

Im Schutze Deines Flügels ... Seite 52/53
Acryl auf Leinwand - 2007
Ausschnitt - Originalgröße 50 x 100 cm

Daniel in der Löwengrube ... Seite 54/55
nach Daniel 6,23
Acryl auf Leinwand - 2005
Origainalgröße 50 x 50 cm

Aquaria ... Seite 56/57
Acryl auf Leinwand - 2008
Ausschnitt - Originalgröße 90 x 130 cm

Mutter Erde ... Seite 58/59
Acryl auf Leinwand - 2008
Ausschnitt - Originalgröße 30 x 60 cm

Immerdar ... Seite 60/61
Acryl auf Leinwand - 2006
Ausschnitt - Originalgröße 30 x 50 cm

Erne und Angelika Schäfer. Mutter und Tochter, die in engem Kontakt zueinander und zu ihren Engeln stehen. Mit ihren Bildern und Gedichten möchten die beiden Botschaften von Engeln und Lichtwesen weitergeben, die Schöpfung Gottes lobpreisen und Funken von Licht, Freude, Liebe und Hoffnung in die Herzen ihrer Mitmenschen bringen.

www.erne-schaefer.de
www.gedankenklang.de